AF454411

CATALOGUE

D'UNE VENTE

DE

MÉDAILLES

Grecques, Romaines et plusieurs Modernes,
de Pierres Gravées, etc. ;

DE TABLEAUX,

PORTRAITS PEINTS, DESSINS DE M. INGRES,

GRAVURES ET QUELQUES LIVRES SUR LA NUMISMATIQUE,

Qui composaient

Le Cabinet de M. ARTAUD, de Montor, membre de l'Institut,

Ancien chargé d'Affaires à Rome,

CETTE VENTE SE FERA POUR CAUSE DE DÉCÈS,

LES MARDI 2 ET MERCREDI 3 AVRIL 1850,

heure de midi,

EN SON DOMICILE,

Rue St-Dominique-St-Germain, 12,

Par le ministère de Me **SEIGNEUR**, Commissaire-Priseur,
rue Favart, n. 6.

———— ❖ ————

EXPOSITION PUBLIQUE

Le Lundi 1er Avril 1850, de midi à cinq heures.

————

SE DISTRIBUE A PARIS,

Chez MM. SEIGNEUR, Commissaire-Priseur, rue Favart, 6 ;
ROLLIN, Antiquaire, rue Vivienne, 12 ;
DEFER, quai Voltaire, 21.

1850

ORDRE DES VACATIONS.

PREMIÈRE VACATION , *Mardi 2 Avril.*

Livres de Numismatique , du n° 113 à 117.

Médailles monnaies, du n° 91 à 98.

Médailles grecques et romaines, etc. du n° 1 à 90.

Pierres gravées, du n° 99 à 112.

DEUXIÈME VACATION, *Mercredi 3 Avril.*

Le Mobilier, le matin.

Et à 2 heures.

Les Tableaux, Dessins et Estampes, du n° 118 à 158.

La vente des Livres, composant la Bibliothèque, aura lieu prochainement. Le Catalogue se distribue chez M. DUPRAT, libraire, cloître Saint-Benoît.

CONDITIONS DE LA VENTE.

Au comptant, cinq pour cent en sus des enchères.

DÉSIGNATION

DES OBJETS.

1re Vacation.

LE MARDI 2 AVRIL 1850.

Médailles grecques et romaines. — Médailles modernes. — Pierres gravées, etc.

1 — Vingt-huit médailles grecques en argent, toutes petit module, dont trois gauloises, une Turonos, cinq Marseille, quatre Héraclée de Lucanie, deux Métaponte, quatre Thurium, Fistulis, etc.

2 — Quinaires consulaires en argent, Julia, Antonia, Considia, Porcia, Tituria, et deux doubles deniers, quatorze pièces.

3 — Impériales en argent, Auguste, Vespasien, Domitien , Trajan , Hadrien , Sévère Alexandre, etc., dix-neuf quinaires.

4 — Impériales en argent, Auguste, Titus, Domitien, Trajan, Hadrien, etc., dix-huit
quinaires.

5 — Impériales en argent, Drusus senior, Titus,
Galba, Nerva, Hadrien, Sévère-Alexan-
dre, Mamée, Trébonien Galle, etc., neuf
quinaires.

6 — Dix-sept quinaires en argent de Justin Ier et
Justinien Ier avec le monogramme de
Théodoric, Athalaric et autres monogram-
mes non encore déterminés par la science.

7 — Dix-sept pièces, les mêmes que ci-dessus.

8 — Seize pièces, les mêmes.

9 — Sextans massue et revers, deux points ;
once massue R., deux triangles ; deux
idem, têtes casquées R., proue de vais-
seau ; un idem, un osselet de chaque côté
de la médaille ; en tout cinq divisions d'as
pondéraux. Bronze.

10 — As et divisions vingt-sept médailles.

11 — Un lot pareil, vingt-sept idem.

12 — Un lot pareil, vingt-huit idem.

13 — As et divisions avec noms de famille et mo-
nétaires d'Auguste, trente médailles.

14 — Un lot pareil, trente idem.

15 — Un lot pareil, trente et une idem.

16 — Vingt médailles grecques en bronze, dont
une très belle des Bruttiens, une belle
d'Alexandria de la Troade sous Gor-
dien, Naples, Agathoclès, Alexandrie d'E-
gypte, etc.

17 — Vingt médailles grecques en bronze, Panorme, Amisus, Césarée de Cappadoce,
Alexandrie, etc.

18 — Vingt idem, Bruttium, Rome, Lacédaemone,
Seleucus, Judée, Ptolémée, etc.

19 — Vingt idem, Acarnauie, Rhodes, Chalcé-
doine, Corcyre, etc.

20 — Vingt idem, Marseille, Epire, Alexandre III,
Corinthe, Laodicée de Syrie, Antioche,
etc.

21 — Vingt idem, Amastris, Pœstum, Cyrénaï-
que, incertaine d'Afrique, Carthage, etc.

22 — Quinze idem, Calès, Mamertini, Nicopolis
d'Epire, Panorme, Alexandrie, etc.

23 — Vingt-cinq impériales en grand bronze.

24 — Vingt-cinq idem.

25 — Vingt-cinq idem.

26 — Vingt-cinq idem.

27 — Vingt-cinq idem.

28 — Vingt-cinq idem.

29 — Vingt-cinq idem.

30 — Vingt-cinq idem.

31 — Onze idem.

32 — Vingt-six impériales, Haut-Empire, en
moyen bronze.

33 — Vingt-six idem.

34 — Vingt-six idem.

35 — Vingt-six idem.

36 — Vingt-six idem.

37 — Vingt-six idem.

38 — Vingt-six idem.

39 — Vingt-six impériales, Haut-Empire, moyen
    bronze.
40 — Vingt-six idem.
41 — Vingt-six idem.
42 — Vingt-cinq idem.
43 — Trente impériales, Haut-Empire, petit
    bronze.
44 — Trente idem.
45 — Trente idem.
46 — Trente idem.
47 — Trente idem.
48 — Trente idem.
49 — Trente idem.
50 — Trente idem.
51 — Trente idem.
52 — Vingt idem.
53 — Cinquante impériales, Bas-Empire, petit
    bronze.
54 — Cinquante idem.
55 — Cinquante idem.
56 — Cinquante idem.
57 — Cinquante idem.
58 — Cinquante idem.
59 — Cinquante idem.
60 — Quarante idem.
61 — Seize impériales, Bas-Empire, d'une frappe
    particulière et d'un très petit module.
62 — Seize idem.
63 — Vingt-trois impériales Bas-Empire, moyen
    bronze, dont deux Romulus.
64 — Vingt médailles byzantines en bronze.
65 — Vingt idem.

66 — Vingt-deux médailles antiques en plomb.

67 — Un très joli tétradrachme d'Alexandre-le-
Grand, roi de Macédoine.

68 — Un très bel Elius en grand bronze.

69 — Un Aureus de Marc-Aurèle.

70 — Une très jolie médaille antique grecque en
bronze, d'Ancone, dans un étui et avec
une lettre d'envoi à M. Artaud.

71 — Les douze Césars en argent, le Jules-César
et le Vitellius sont beaux, la plupart des
autres sont fourrés. Ils sont dans un étui.

72 — Dans un écrin, quatre moyens bronzes de
Vespasien et Domitien, deux quinaires
d'argent de Vespasien et Domitien, une
pâte gravée. une bague et divers petits
ornements en bronze, le tout provenant
d'une même trouvaille et renfermé dans
un étui.

73 — Collection en soufre des grands bronzes des
Empereurs romains.

74 — Soixante pièces fausses des médailles grands
bronzes des Empereurs romains.

75 — Cinq petites pièces grecques fausses en or,
un quinaire de Carus en or, également
faux deux pièces d'or du Dante et trois
pièces d'or de la duchesse de Devonshire.

76 — Soixante-neuf petites médailles en argent,
duchesse de Devonshire, le Dante,
Henri IV et Louis XVIII, Napoléon et
Marie-Louise, etc.

77 — Vingt-six monnaies en argent de divers
pays; les plus curieuses sont un Clément VII, frappée à Avignon, et un Ro-
bert, archevêque de Cologne, etc.

78 — Cent dix monnaies en billon de divers pays,
des derniers siècles.

79 — Médailles relatives à l'incendie de Saint-
Paul hors les murs de Rome, deux exem-
plaires, une en argent dans un étui.

80 — Sept médailles en bronze et argent dans des
étuis, dont Léon XII, Silvestre de Sacy,
Metternich, Spontini, Puca Decanus 1830;
cette dernière en argent.

81 — Une boîte contenant douze petites médailles
en argent, de poètes et peintres italiens,
dont Pétrarque, Boccace, etc.

82 — Trois médailles en argent, Paul Lemoine,
président de l'Académie du Tibre; Séra-
phin, idem; Jean Frédéric Blumenbach.

83 — Médaille en bronze de Marie de Bourgogne,
femme de Maximilien d'Autriche et fille
de Charles-le-Téméraire.

84 — Médaille en bronze doré d'Henri II, frappée
du temps.

85 — Jean Paléologue, grande médaille du Pisan.

86 — Marcilinus Ficinus Florentinus, Hierone-
mus, Sigismondus Malatestis; trois médailles des Pisans.

87 — Leonelus, en plomb; un revers de Jean Paléologue, en plomb, et Paulus Doctor
Gentin; trois pièces des Pisans.

88 — Quinze médailles italiennes, Jean-Baptiste
Pergolèse, Gravina, Métastase, Clément XII, Hyacinte Gerdilus, etc.

89 — Quinze médailles, Henri III, Louis XIII,
Charles III de Lorraine, Lavalette d'É-
pernon, de Luyne, Nicolas de Bailleul,
Claude Expilly, etc.

90 — Jean Hus, Jean VIII, François marquis de
Mantoue, Melanchton, Gritti, doge de
Venise; Odeschalchus, et plusieurs mé-
dailles satiriques.

91 — Comte de Lautrec, Joseph Clément, archevêque de Cologne; Guillaume III d'An-
gleterre; Anastasie, princesse de Tru-
betskoy, Charles XI et Ulrich de Suède,
le cardinal de Fleury, Nicolas de Lau-
nay, etc.; vingt-neuf médailles en bronze
et en plomb.

92 — Monseigneur de Quelen, Louis XIV,
Louis XV, Louis XVI, Maximilien Titon;
trente-quatre médailles en argent, en
bronze et en plomb.

93 — Louis XVIII, Charles X, et médailles de
l'avènement de leurs règnes; vingt-trois
pièces en bronze.

94 — Grande médaille de Charles II et une de
Philippe V d'Espagne, comme duc de
Milan. Bronze.

95 — Petites médailles italiennes, l'Arioste,
Léon XII, la duchesse de Devonshire, etc.

96 — Un lot de médailles antiques fragmentées,
en argent et en bronze, et une médaille
fausse de Panorme, en argent.

97 — Un lot de monnaies et médailles françaises
et étrangères en bronze, billon et clichés.
Cet article sera divisé.

98 — Cent quarante-six médailles des papes, en
bronze ; suite variée et bien conservée.

Pierres gravées, et quelques objets de curiosités.

99 — Un joli petit vase antique en verre bleu,
dans un étui.

100 — Une pâte de verre d'après un camée antique
d'un très grand module, dans un étui.

101 — Deux pierres représentant des sujets marins
sur lapis lazuli.

102 — Environ deux cents pierres gravées et pâtes,
pour la plupart, antiques et modernes.
Ce numéro sera divisé.

103 — Aigle marine, tête d'Hercule jeune ; cornaline, Frédéric III ; cornaline, lyre avec
inscription ; trois pierres montées en
bague.

104 — Agate blanche représentant un port ; cornaline, tête laurée ; une pâte, femme
tenant un voile ; trois pierres montées en
bague.

105 — Cornaline, tête avec la couronne de fer;
cornaline, femme tenant un voile; cornaline, tête d'Empereur romain; trois pièces
montées en bague.

106 — Cornaline, tête de Néron; cornaline, tête de
femme; cornaline, Ibis et chien près d'un
vase; trois pierres montées en bague.

107 — Trois pâtes montées en bague, dont une
avec portrait, et une avec inscription.

108 — Cornaline, tête de Vespasien; cornaline,
lyre et une bague en or avec tête de
Jupiter Sérapis.

109 — M. Mollevault, de l'Institut, médaillon en
bronze.

110 — Un petit temple en marbre avec colonnes en
rouge antique.

111 — L'Amour du palais Rondadini; deux sta-
tuettes en plâtre, de MM. Berryer et
Roger.

112 — Un cheval en bronze avec socle en marbre
blanc.

112 bis — Vue du portail de Notre-Dame, plaque
daguerréotypée.

Livres de numismatique.

113 — Introduction à l'étude des médailles, par
Millin.

114 — Médailles grecques par Mionnet, les 1er, 2e et
3e vol. de son ouvrage.

115 — Médailles des Césars par le baron de *Schelsheim*, 1800.

116 — Science des médailles, 1739, deux vol., dem.-rel.

117 — Un catalogue d'une collection de médailles antiques ayant appartenu à M. Rollin. Paris, 1811.

Un placard de diverses médailles étrangères, et divers autres livres de numismatique.

2ᵉ Vacation.

—

LE MERCREDI 3 AVRIL 1850.

—

Tableaux, Portraits, dessins et Estampes.

TABLEAUX.

118 — Giotto, peintre; portrait intéressant d'un des premiers peintres de l'Italie.

119 — Arioste, le Dante, Boccace, Pétrarque, quatre portraits.

120 — Spinola, Hyacinte Farnèse et Barberousse.

121 — Cardinal Hypolite de Médicis ; Léon X jeune, lorsqu'il était cardinal de Médicis.

122 — Le Dante.

123 — Machiavel, tableau sur panneau.

124 — Christophe Colomb.

125 — Portrait de Raphaël jeune, sur panneau.

126 — Le pape Boniface IX, entouré de ses cardinaux, un guerrier lui apporte un étendard à bénir.

127 — Charles IX, roi de France.

128 — Louis XII, roi de France.

129 — Bianca Capello, portrait de l'école italienne, avec riche costume.

130 — Ferdinand de Gonzalve.

431 — Antoine Leva.

132 — Giorgus Castriotus Scanderbecus.

133 — Borgia Valetinus.

134 — Le cardinal Barbierini.

135 — Pie V, pape ; Castruccio, Godefroy de Bouillon et Pilipus Scholaivs, quatre tableaux portraits.

136 — François d'Autriche, en buste et en pied, et sa femme Marie-Thérèse ; trois portraits.

137 — Deux portraits, dont un prince anglais à cheval.

138 — Luther, Calvin, etc.; le comte Ugolin, au moment où il va livrer la ville ; deux tableaux.

139 — Une archiduchesse d'Autriche, princesse de
       Toscane; bon portrait.
          Portrait d'une abbesse, école française.

140 — Un petit portrait de Léopold d'Autriche, sur
       cuivre.

141 — Un grand-maître de l'ordre de Malte.

142 — Le pape Pie V bénissant saint François de
       Borgia, le 27 janvier 1566, à la porte de
       l'église de Jésus.

143 — Saint François de Paul, école espagnole

144 — Deux tableaux, peintures byzantines.

145 — Deux tableaux de maîtres primitifs italiens.

146 — Deux tableaux, le Sacrifice d'Abraham et
       Apothéose d'un évêque, sur vieux pan-
       neaux.

147 — Paysage avec animaux par *Denis*.
       Temple d'Agrigente, en Sicile.

148 — Vue de l'ancien charnier des Innocents, à
       Paris; l'Odorat; costumes Louis XIV.

149 — L'Enfant-Jésus d'après le Guide.

150 — Intérieur du Colysée, peint au clair de lune
       par Granet, avec une lettre d'envoi à
       M. Artaud.

DESSINS ET GRAVURES.

151 — Françoise de Rimini, dessin à la plume, lavé
       à l'encre de Chine, par *M. Ingres*, en 1816.

152 — Portrait de M. de Présigny, évêque de
       Besançon; dessin à la mine de plomb par
       M. Ingres.

153 — Quatre dessins par Vicar : l'Accord, le Ca-
price, l'Epreuve et la Rupture.

154 — Cardinal de Gonzalvi, dessin au pastel par
Vicar, en 1804.

155 — Dix-huit vues de monuments de Rome,
traits lavés à la sépia.

156 — Deux vues, temple à Athènes et l'arc de
Titus, traits coloriés par Cassar.

157 — L'École d'Athènes d'après Raphaël, par
Volpato.

157 bis. — Un portefeuille contenant des vues, des
antiquités, etc.

158 — Une vue de Rome par Carrociolo, et deux
estampes, Iris et Echo.

159 — Les articles omis.

3903   Imp. Mauble Benou, rue Baillent. 9-11.

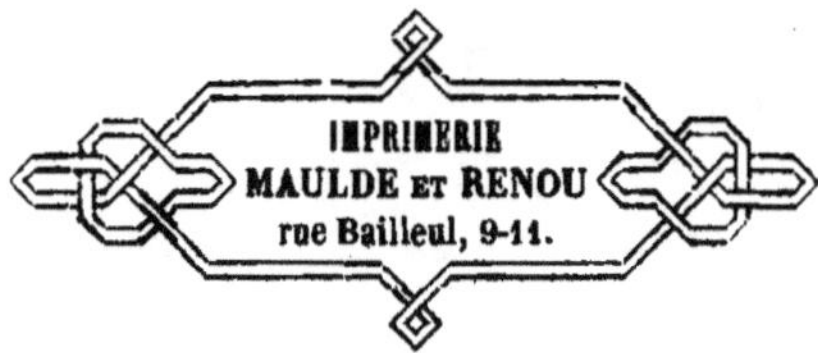
IMPRIMERIE
MAULDE ET RENOU
rue Bailleul, 9-11.